Barbara Schmitt

Augen – Blicke 24

Gedichte

Barbara Schmitt

Augen – Blicke 24

Gedichte

Impressum:

© 2024 Barbara Schmitt

Herstellung und Verlag: BoD – Books on Demand, Norderstedt

ISBN: 9783759768582

Vorwort

Neben den vielen Sinneseindrücken,
die jeden Tag auf uns einwirken, gibt es
einzelne „Bilder", die sich uns in
besonderer Weise einprägen und im
Gegenwärtig - Sein halten als kostbare
Augenblicke tieferen Fühlens,
Wahrnehmens und „Begreifens".
Lassen Sie sich über meine „Bilder"
mitnehmen zu Ihren bedeutsamen
Augen – Blicken!

Ruhe im Sturm (Sehler Dom, Cochem)

Der kleine Dom am Straßenrand
lädt mich ein, hinein zu geh'n
in sein trautes Glaubensland -
umtost vom Lärm von draußen,
führt er meinen Blick   zum
alten bunten Fenster vorn   ganz
oben, nicht zu überseh'n:
Jesus liegt im Boot und schläft
beim Tosen, Stürmen wilder See
inmitten aufgewühlter Menschen
voller Todesängsten!
Brenn dich ein geliebtes Herzensbild,
kostbarer „Augen-Blick",
der uns gefangen nimmt:
„Du bist nie mehr allein im Sturm!
Vergiss das nicht!"

fremd (Koblenz, Rhein))

Der große Fluss, ich kenn ihn lang
von Kindheit an, ist breit und stark
in seinem Bett von Urzeit an.
Jetzt seh' ich ihn ganz grau gefärbt
von Wolken überall an fremdem Ort,
kurz vor dem Regen gar,
nicht lieblich, einfach so und da,
wie wir so oft im Alltagsgrau,
auch Heimat suchen immerdar!

Erster großer Schnee (Koblenz)

Schneeflöckchen, weiße Röckchen,
schwebend sanfte Päckchen
hüllt das Land in leises Hasten,
deckt das viel zu Viele zu
im vereinten weißen Glanz
schenkt uns Ruhe jetzt und ganz!

Wetterleuchten (Koblenz)

Früher Morgen nach der Dämmerung
ziehen rosarote Wolkenflocken
weit von hinten auf nach vorn,
grüßt der Morgen mit Entzücken
reicher Farbenpracht verheißungsvoll,
erhaben groß, auch klein und still,
die Schöpfung quillt im Glanz, sie will!

Schwarz sehen (Koblenz)

Eine teerschwarze Decke liegt über
meinem Raum, in dem ich wohne,
nur eine Ecke ist noch hell, in die ich
traurig tief nun schaue - sehe
Rosen, die es aufzuheben gilt,
damit die Decke weichen kann,
der Himmel wieder sichtbar wird!

Seelenkuss

Nur der Seelenkuss kann heilen
in Tiefen des Herzens,
des Körpers, der Seele,
in Tiefen der Welt, des Seins,
berührt unser Wesen,
lässt wachsen das Selbst,
sterben und aufstehen.
jetzt und zuletzt.

kleiner Baum – großer Kölner Dom

Du kleiner grün erblühter Baum,
zarte helle Blättchen schmücken jetzt
dich ganz und voll,
Kunstwerk des Schöpfers lebendig fein,
stehst du vor dem großem hohem Dom,
gebaut von Menschenhand,
gewaltig Werk so vieler,
und doch verwittert und zerbrechlich,
hält dem Leben nicht so stand,
wie du ergrünter kleiner Baum!

Willkommensgruß (Düsseldorf**)**

Einen Weg entlang ein kleines Haus
mit einem runden Rosenrankentor
knospend und erblühter dunkelroter
Rosen hier und da,
darunter und davor links am Eingang
ein kleiner Busch frisch aufgeblühter
zart blauer Kornblumen.
Wen heißt ihr hier willkommen,
fremd bin ich doch hier!
Natürlich mich, ich danke euch dafür!

Regen mitten im Wald (Siebengebirge)

Es regnet auf den grünen, weiten Wald
saftig, weich und kräftig,
der Himmel weint nicht, nein,
nicht traurig schwer, nicht müde.
Er überschüttet uns mit seinem Sein
sichtbar, spürbar gar so fein.
Wir greifen ihn mit unseren Händen
werden nass und satt und leben!

Linden duften (Düsseldorf)

Auf dem Weg zu meinem Termin
kurze Sonne vor dem Regen
geh ich unter schweren, schönen
Bäumen, Lindenblütenpracht,
herunterragend nah an mich heran,
halt ich inne, schau sie an, die frisch
gesprungenen Blüten, trinke, fühle,
rieche diesen Duft in mich hinein,
nehme heim die große Fülle!

Glauben

Ich muss hineingehen in die Wirklichkeit
des Glaubens, sie zu entdecken,
unsichtbar, sie blind ertasten,
keine Tür, kein Land, kein Rand,
mich hineinvertrauen, verlieren, mit
dem Herzen spüren, geborgen sein,
um dann zurück zu finden
aus dem nirgendwo ins irgendwo
neu und heil!

Mohnblumen grüßen mich (Düsseldorf)

Auf dem Weg zum Einkaufsmarkt
entlang dem mäßig hohen Zaun
grüßt mich nur zur Sommerzeit
ein Büschel zart erblühter,
kräftig roter Mohnblumenkelche,
als könnten sie lachen und lächeln –
„ Sind wir nicht schön so kurz nur und so
prächtig?"" Ja", sage ich jedes Mal und
spüre ein sanftes Säuseln.

Weinstock der Tränen

Weinstöcke stehen da in voller Pracht,
dunkelrote, pralle, reife Trauben,
zum Greifen und Verkosten schön!
Nur einer ist besonders!
Seine Reben schimmern wie aus Glas!
Große, nie geweinte Tränen
alter Wunden, stiller Schmerzen,
wollen geerntet werden, Altes zu
benetzen, waschen, loszulassen
im See inneren Friedens,
im Glück meiner ersehnten Verheißung!

Schau

Ich schaue Dich im Verschwinden,
suche Dich im Sehnen draußen,
drinnen, innen, im Bunten, Vielen, Lauten, im
Leisen, im Einen Deiner Schöpfung!
Zeigst Dich unerwartet, begegnest mir
unvermittelt, verborgen, geborgen,
unerkannt, geschaut mit Herzenskraft,
beglückt, vereint, gehst immer wieder weg,
kommst immer nur im Augen – Blick mit
Deinem An- Blick!

www.ingramcontent.com/pod-product-compliance
Lightning Source LLC
La Vergne TN
LVHW010706200726
843507LV00011B/2051